AF349480

NOTICE
BIOGRAPHIQUE

SUR LES

Cavaliers de la Plaine qui exécutent la

FANTASIA

AU

CHAMP-DE-MARS.

Par Henry.

PRIX :
25 Centimes.

PRIX :
25 Centimes.

PARIS

IMPRIMERIE CENTRALE DE NAPOLÉON CHAIX ET Cⁱᵉ, RUE BERGÈRE, 20.

1851

AVANT-PROPOS.

On croit généralement en France qu'il existe des Arabes *fantasiades;* c'est une grave erreur. Tout individu qui, par nécessité de position ou par plaisir, monte à cheval, fait la *fantasia.* Ainsi, lorsqu'un caïd réunit les cavaliers de son goum pour une circonstance quelconque, on ne se sépare qu'après avoir fait la *fantasia;* lorsque les spahis passent une inspection soit générale, soit partielle, on fait la *fantasia* avant de mettre pied à terre. Une noce, une circoncision, sont, dans la plaine, autant d'occasions de faire la *fantasia.*

Aussi, lorsqu'il fut question de recruter des Arabes pour importer ces exercices à Paris, les sujets ne manquèrent-ils pas; mais il fallait choisir, et pour cela, voir à l'œuvre les cavaliers de Bouffarick, Douera, Blidah, Beni-Mered, Adjoutes; en un mot, tout ce qui habite la plaine de la Mitidja; de plus, ceux de Médéah et des goums environnants, non

AHMED-BEN-MOHAMED.

Ahmed est aujourd'hui âgé de 20 ans; il appartient à la tribu des Chambas, dans le grand Sahara, et naquit à Melika.

De 1835 à 1840, il servit constamment dans les troupes d'Abd-el-Kader, en qualité de régulier. Blessé en plusieurs combats et fatigué des marches de la guerre, il quitta par une nuit le camp de l'Emir et se réfugia à Alger, où il s'occupa de la vente des chevaux.

Ayant amassé quelques *douros* à ce commerce, il allait se retirer dans un village occupé par des colons français, lorsqu'il apprit que l'on demandait des cavaliers pour exécuter la *fantasia* au Champ-de-Mars de Paris. Désirant depuis longtemps connaître cette France contre laquelle il avait porté les armes, Ahmed-ben-Mohamed saisit avec empressement l'offre qui lui fut faite, et signa l'un des premiers l'acte dressé par le cadi.

MOHAMED-BEN-AHMED-BOUGANILLA.

Ce fut à Bougie que naquit, en 1815, Mohamed-ben-Ahmed.

En 1838, il s'engagea dans l'escadron de spahis détaché au 1er chasseurs, et s'y distingua par plusieurs actions d'éclat.

A l'expiration de son congé, il contracta un second engagement et entra dans les gendarmes maures, dont il conserva l'uniforme jusqu'au 21 décembre 1841, où parut l'ordonnance de licenciement de ce corps et d'organisation de troupes indigènes en Algérie.

En 1842, Mohamed-ben-Ahmed se retira du service et vint s'établir à Médéah, où, en 1848, il fut nommé cavalier du bureau arabe, emploi qu'il occupait encore au moment de son départ pour la France.

Pendant sa vie militaire, Mohamed-ben-Ahmed fut plusieurs fois mentionné à l'ordre du jour de l'armée, notamment après le combat du 29 octobre 1840, qui se livra au bois des oliviers de Médéah contre les troupes d'Abd-el-Kader, dont les attaques incessantes ne laissaient aucune trève à la faible garnison qu était renfermée dans la ville.

Quelques cavaliers ennemis s'étant avancés contre une poignée de fantassins français, saisirent à l'improviste l'officier qui les commandait et l'entraînèrent avec une rapidité effrayante vers le milieu du bois. C'en était fait du malheureux sans Mohamed-Ben-Ahmed, qui, n'écoutant que son courage, quitta son rang de bataille, et s'engagea à la poursuite des Kabyles. Les ayant atteints, il les attaqua, et, saisissant l'officier, il le ramena au milieu des siens, non sans avoir lui-même reçu une blessure qui le força à se retirer du combat.

Ce trait héroïque est cité sur les états de service du gendarme maure Mohamed-ben-Ahmed.

Un autre fait, moins glorieux il est vrai, lui valut le surnom de *Bougamilla*, c'est-à-dire, l'homme à la gamelle :

Rentrant un jour exténué de fatigue, après une laborieuse poursuite faite à l'ennemi, ses camarades ne songèrent qu'au repos; doué par la nature d'un excellent estomac, Mohamed-Ben-Ahmed mangea à lui seul une gamelle destinée à sept cavaliers.

Ce fait n'est point porté sur ses états de service.

AMEUR-BEN-EL-KHER.

Le cavalier arabe Ameur-ben-el-Kher appartient à la tribu des Ouleds-Ben-Abbès, au milieu de laquelle il naquit en 1802.

En 1838, son pays n'étant pas encore sous la domination du drapeau tricolore, il fut compris dans la levée d'hommes appelés autour d'Abd-el-Kader pour résister à l'invasion toujours croissante de nos troupes.

En 1841, il servait encore la cause de l'Émir dans les cavaliers réguliers, lorsqu'il fut fait prisonnier par les Français, et, sur sa de mande, il fut admis dans un régiment de spahis, où il gagna en peu temps les galons de maréchal-des-logis, grade qui lui fut conféré sur le champ de bataille.

Ameur-ben-el-Kher se distingua, le 30 mai 1841, à l'affaire de

Mascara, où il fut blessé, et à Tlemcen, le 30 janvier 1842, sous les ordres du maréchal Bugeaud.

En 1849, il fut libéré du service et trouva à Alger un emploi qu'il conserva jusqu'à son départ pour la France.

ALI-BEN-SALA.

Il existe près de Blidah, chef-lieu d'arrondissement appartenant à la subdivision d'Alger, une tribu qui porte le nom de Kreleis: c'est là où naquit Ali-ben-Sala, aujourd'hui âgé de trente ans.

Lors de l'expédition de 1830, le maréchal de Bourmont poussa une reconnaissance vers Blidah (le 23 juillet), plusieurs membres de la tribu des Kreleis firent leur soumission et suivirent l'armée au camp de Sidi-Ferruch: la famille d'Ali-ben-Sala était du nombre de ces émigrants.

Depuis cette époque Ali ne cessa de vivre au milieu de nos troupes, et en 1842 il s'engagea dans l'escadron de spahis appartenant à la province d'Alger.

Il assista à la bataille d'Isly, remportée par le maréchal Bugeaud, et à la rencontre de notre cavalerie avec les troupes d'Abd-el-Kader de l'autre côté du Teignet. Dans cette dernière affaire, Ali fit prisonniers deux réguliers de l'émir, et, les ayant amenés auprès du général commandant, il rejoignit aussitôt son escadron afin de se soustraire ainsi aux éloges que lui attirait sa belle conduite.

De 1850 jusqu'à son départ pour la France, Ali-ben-Sala, alors libéré du service militaire, vécut à Blidah et cultiva son patrimoine situé au pied de l'Atlas.

EL-MENOUER-LEMDANI.

Ce cavalier naquit à Médéah. Sitôt après la prise de cette ville, (le 21 novembre 1830) il entra dans le bataillon des zouaves qui, sous les ordres du général Clauzel, firent l'expédition de l'Atlas.

En octobre 1837, El-Menouer-Lemdani était du nombre des braves zouaves qui, sous la conduite du lieutenant-colonel de Lamoricière montèrent les premiers à l'assaut de Constantine.

Dans le courant de l'année 1839, El-Menouer quitta le corps des zouaves et contracta un engagement dans l'escadron des spahis de la 3e subdivision de Constantine.

Après la prise de cette ville il assista aux expéditions des *Bibans* ou *Portes de Fer*, à l'affaire du Teniah de Mouzaïa sous les ordres du duc d'Orléans.

En 1849, son congé était expiré, il reprit du service dans le 1er escadron des spahis d'Alger, avec lequel il termina sa carrière militaire aux dernières expéditions contre les Kabyles insoumis.

MOHAMED-BEN-AISSA-ZITOUNI.

Mohamed-ben-Aïssa naquit à Alger en 1816.

A 21 ans cet indigène prit du service dans les gendarmes maures, d'où il fut libéré en 1840.

En 1845 il s'engagea volontairement dans le 1er escadron de spahis d'Alger : Mohamed resta dans ce dernier corps jusqu'en 1849.

Il a assisté à l'affaire des Oliviers de Médéah ;

A Mascara, alors que le duc d'Isly ravitaillait cette place ;

A la seconde occupation de Tlemcen par les Français (le 30 janvier 1842);

Et au combat de Takdenit. A cette dernière affaire il se distingua particulièrement en traversant un gros de l'armée ennemie, étant porteur d'une correspondance importante établie entre les deux généraux commandant l'aile droite et l'aile gauche de notre armée.

Après ce combat, Mohamed-ben-Aïssa-Zitouni quitta les spahis, son congé étant expiré, et se rendit à Alger, où il s'occupa du dressage des chevaux.

Connu pour son habileté dans les exercices de la *fantasia*, il fut porté sur la liste des cavaliers arabes.

MOHAMED-BEN-AISSA-LEMDANI.

Ce cavalier, né à Médéah, est aujourd'hui âgé de 26 ans et a passé toute sa jeunesse au milieu des ennemis de la France.

Il servit dans les réguliers d'Abd-el-Kader, et assista, sous les ordres de l'ex-Emir, aux attaques dirigées contre Médéah, sa ville natale. Ensuite il prit part aux combats de la plaine de Blidah, au bois des Oliviers, où il fut blessé, et à l'affaire qui suivit la prise de la smala d'Abd-el-Kader.

Dans cette dernière circonstance il fut fait prisonnier par les Français et amené à Alger, où il vécut jusqu'à ce jour; il était cavalier d'un bureau arabe lorsqu'il partit pour la France.

AHMED-BEN-DJILALI.

A 11 ans, ce cavalier, natif de Bira, servait Abd-el-Kader dans l'infanterie regulière.

De 1832 à 1835, il prit part au combat du *Col de Médéah*, à la prise de *Miliana* et à l'affaire des Adjoutes.

En 1842 il déserta Abd-el-Kader et prit du service sous le drapeau français en s'engageant dans les spahis de la 3e subdivision militaire.

Ahmed-ben-Djilali se distingua à la prise de la smala, à la bataille d'Isly, au combat de Volsnis, etc.

Il est aujourd'hui âgé de 30 ans.

TAAR-BEL-ALEL.

Taar-Bel-Alel naquit à Médéah en 1831. De 1847 à 1849, il servit dans les spahis de la 3me subdivision d'Alger.

Aucune circonstance digne de remarque ne nous est connue sur la vie de ce cavalier, qui, quoique le plus jeune de tous, ne laisse rien à désirer sous le rapport de l'habileté.

KADOUR-BEN-MOHAMED.

Ce cavalier appartient à la tribu de Mascara et naquit à Médéah, en 1819.

Après la bataille de *Sidi-Ferruch*, sa tribu, qui, sous les ordres d'Ibrahim-Aga, fut battue et mise en déroute à *Staouëli*, se réfugia dans le désert et y resta sédentaire jusqu'à ce que la voix du fanatique Abd-el-Kader eût réveillé son courage.

Kadour-Ben-Mohamed entra dans les réguliers d'Abd-el-Kader en 1838, où il resta jusqu'en 1841 ; à cette époque, il déserta la cause de l'Émir, demanda à entrer au service de France, et s'engagea dans les spahis de Médéah.

Dans les rangs des ennemis de la France, Kadour assista à l'expédition de *Mascara,* où il fut blessé ; et, sous le drapeau tricolore, il prit part aux affaires de Tlemcen et de Mouléis-Mahel, où il se distingua et sut ainsi faire oublier qu'il avait porté les armes contre nos troupes conquérantes.

AHMED-BEN-GHALI.

Les quelques années de la vie d'Ahmed-ben-Ghali, de 1823 à 1851, sont remplies de péripéties. Ce cavalier, né à Tunis, en 1811, de parents occupant une certaine position auprès du bey, reçut une éducation digne de son rang.

En 1825, il fut attaché, en qualité de secrétaire, à la personne du bey, qui le nomma caïd, position qu'Admed occupa pendant trois ans seulement, forcé de se démettre de ces fonctions à la suite d'un mouvement populaire.

Rappelé en 1843, le dey lui donna le titre de caïd de Ghelma·

En 1847, il tomba pour la seconde fois en disgrâce, et fut forcé de se réfugier à Alger.

A la tête d'une petite fortune, il se reposa, dans la capitale de l'Algérie, des fatigues de la vie administrative.

Lorsque les cavaliers arabes conçurent le projet d'importer en France les exercices équestres de leur pays, Ahmed-Ben-Ghali demanda à les suivre, et il fut admis avec empressement par les Algériens, qui, tout en donnant leur amitié au cavalier Ahmet comme à un camarade, conservent encore un respect et une estime bien marqués pour l'ancien caïd de Ghelma.

MOHAMED-BEN-MOULEI-ISMAEL.

Mohamed-ben-Mouleï-Ismaël appartient à la tribu des Chambas (dans le Sahara africain), au milieu de laquelle il naquit en 1813.

Lors de la formation des bureaux arabes, il vint à Alger, et entra en qualité de *Chaoux* dans une de ces administrations.

Mohamed-ben-Mouled-Ismaël fut employé par le général Daumas, alors que cet officier supérieur rédigeait son remarquable travail sur le *Sahara* et le *Pays des nègres*, et lui fournit des documents précieux sur les habitudes et les mœurs de la tribu.

MOHAMED-BEN-SAID.

Mohamed-Ben-Saïd, aujourd'hui âgé de 26 ans, naquit à Médéah.

De 1843 à 1849, il ne cessa de combattre dans les rangs des ennemis de la France, et assista aux affaires du kalifat d'Abd-el-Kader et de Jemma Guezagoua ; dans cette dernière défaite des troupes régulières de l'Émir, il reçut un coup de sabre d'un officier français qui, l'ayant fait prisonnier, le relâcha et lui facilita même les moyens de rejoindre son camp.

Aussitôt rétabli de sa blessure, Mohamed se rappela le trait d'humanité de l'officier français et songea à quitter sa tribu avec laquelle il combattait une nation si généreuse.

En 1849, lors du soulèvement des Kabyles insoumis, Mohamed voyant la reprise des hostilités avec la France, déserta la cause de l'Émir et vint se réfugier à Alger, où il fit partie des *grandes fantasias* organisées par des officiers français et indigènes à Alger et à Bouffarick.

OSMAN-BEN-ALI.

Comme Mohamed-ben-Saïd, Osman fut d'abord un serviteur zélé d'Abd-el-Kader.

A 20 ans il s'échappa de Mazouna, sa ville natale, avec un recruteur des troupes de l'Émir qui lui avait promis une assez forte somme d'argent.

Il arriva au camp des Arabes au moment où Abd-el-Kader se proposait d'établir le foyer de ses rassemblements hostiles à *Coléah*, bloquée alors par un camp français commandé par le maréchal Vallée.

Osman assista à la première attaque, où les réguliers furent repoussés jusque dans leurs gorges étroites par notre cavalerie, composée de chasseurs et de spahis.

Osman prit part ensuite aux combats de la plaine de Blidah et des Oliviers de Médéah, après lesquels il déserta la cause de l'Émir et vint s'établir dans un village situé au-dessus de Bouffarik e habité par des colons français.

MOHAMED-BEN-ENLOCH.

Ce cavalier naquit à Médéah en 1822. A 18 ans il s'engagea dans l'escadron des spahis de sa province et participa aux expéditions glorieuses qui signalèrent les années 1840 et 1842

Le fait suivant est porté sur ses états de service; nous croyons devoir le mentionner. Le lecteur jugera si dans les circonstances, où il fut accompli il ne fallait pas autant de courage que de présence d'esprit de la part de cet indigène.

La veille de la prise de la smala par le duc d'Aumale, Mohamed-ben-Enloch fut chargé, avec quatre spahis de son escadron, d'aller reconnaître le pays et la marche des ennemis. Arrivés à un kilomètre environ de *Oussek* ou *Rekaï*, ils furent assaillis par une décharge que dirigeait sur eux une troupe de fantassins réguliers d'Abd-el-Kader.

Deux spahis tombèrent blessés; les trois autres allaient regagner le camp, lorsque Mohamed, prévoyant le sort que les ennemis auraient réservé à ses malheureux camarades s'ils restaient abandonnés sur la place, en saisit un et le plaça avec rapidité sur so cheval; à son exemple, les deux autres spahis exécutèrent cette manœuvre à l'égard du second blessé, et, piquant des deux, ils arrivèrent auprès du général en chef, emportant avec eux leurs camarades, qu'ils avaient arrachés, grâce à Mohamed, à la rage des réguliers d'Abd-el-Kader.

Après la smala, où, le lendemain, il prit une part active, Mohamed-ben-Enloch assista aux affaires contre les Kabyles et se retira du service en 1845.

YOUSEF-BEN-MOUSSA.

Yousef appartient à la tribu des Chambas (dans le désert de Mozabie) et est aujourd'hui âgé de 26 ans.

De 1845 à 1847 il fut cavalier du goum de sa tribu; il passa ensuite, avec les mêmes fonctions, au bureau arabe de Bouffarik, où il resta jusqu'en 1848. A cette époque il obtint une concession de terrain près de Médéah, qu'il cultiva jusqu'à son départ avec les cavaliers arabes.

AHMED-BEN-EL-OUAHAM.

Né à Constantine en 1821, ce cavalier prit part, dans l'escadron des spahis de sa province, aux expéditions des Benis-Ismaël (sous les ordres du général Blangini), des Benis-Allah (commandés par le général Canrobert) et des Benis-Guich, où il se distingua particulièrement.

En 1848, Ahmed-ben-el-Ouaham assista à la prise de la Zaatcha : c'est au siége de cette ville qu'il termina sa carrière militaire.

ABD-EL-KADER-BEN-MOHAMED.

Abd-el-Kader-ben-Mohamed, né en 1818, au sein de la tribu des Benis-Mesaoud, était marabout (prêtre) de sa tribu avant de faire partie de l'armée française, où il servit dans le 1er escadron de spahis de la subdivision d'Alger.

De 1842 à 1850 il fit, avec Mohamed-ben-Ahmed-el-Zeurnaé, dont nous nous sommes déjà entretenu, les expéditions de *Vorsnis*, de l'*Ouha* et de la petite Kabylie.

Ainsi que Mohamed-el-Zeurnaé, Abd-el-Kader ne quitta l'uniforme des spahis que pour partir avec lui et les cavaliers arabes destinés au Champ-de-Mars.

SAID-EL-ISSERI.

Said-el-Isseri naquit à Isser en 1814.

A l'âge de 15 ans il fut employé au milieu de sa tribu en qualité de cavalier du goum.

A 25 ans il vint à Alger et entra *Chaoux* dans un bureau arabe, position qu'il occupa jusqu'en 1848. A cette époque il se retira au village de *Staouli*, et cultiva une petite portion de terre située près du monastère des RR. PP. trappistes.

Saïd-el-Isseri apprit de Zeurnaé, qui était son ami, l'émigration des cavaliers arabes ; il demanda à en faire partie, et signa, aprè Abd-el-Kader-Mohamed, l'acte dressé par le cadi.

Saïd est aujourd'hui âgé de 36 ans.

MUSTAPHA-BEN-OUAHAM.

Cet indigène a accompagné les Arabes en France en qualité de *Kaoudji*, et n'est employé qu'aux fonctions culinaires : c'est lui qui fait le café pour ses compatriotes.

Né à Constantine en 1826, il y tenait un *café maure*, et son établissement avait acquis une certaine réputation, lorsqu'il l'abandonna pour accompagner son frère, le cavalier Ahmed-ben-el-Ouaham, dont nous avons déjà entretenu le lecteur.

H.

CHAMP-DE-MARS

TOUS LES DIMANCHES A 2 HEURES.

COURSES DE VITESSE. — COURSES DE HAIES

Les engagements sont reçus jusqu'au vendredi à 5 h. du soir.

S'adresser à M. CHERI SALVADOS, rue de Ponthieu, 49.

LE GLOBE

Ballon Monstre

Sous la Direction de **M. POITEVIN.**

FANTASIA ARABE

Par 20 Cavaliers de la Plaine.